GEOMETRIA SAGRADA

escrito e ilustrado por
Miranda Lundy

Tradução: Jussara Trindade de Almeida

Copyright © Wooden Books Limited 2005
Published by arrangement with Alexian Limited
Copyright desta edição © 2020 É Realizações
Título original: *Sacred Geometry*

Editor | Edson Manoel de Oliveira Filho
Produção editorial | É Realizações Editora
Preparação de texto | Carlos Nougué
Projeto gráfico e capa | Nine Design Gráfico / Mauricio Nisi Gonçalves

Reservados todos os direitos desta obra. Proibida toda e qualquer reprodução desta edição por qualquer meio ou forma, seja ela eletrônica ou mecânica, fotocópia, gravação ou qualquer outro meio de reprodução, sem permissão expressa do editor.

Dados Internacionais de Catalogação na Publicação (CIP)
de acordo com ISBD

L962g
    Lundy, Miranda
        Geometria sagrada / Miranda Lundy ; ilustrado por Miranda Lundy. - São Paulo, SP : É Realizações Editora, 2020.
        64 p. : il. ; 15cm x 15cm.

    Tradução de: Sacred Geometry
    ISBN: 978-85-8033-350-3

    1. Matemática. 2. Geometria. I. Título.

2020-1263   CDD 516
                                                                                     CDU 514

Elaborado por Odilio Hilario Moreira Junior - CRB-8/9949
Índice para catálogo sistemático:
    1. Matemática : Geometria 516
    2. Matemática : Geometria 514

É Realizações Editora, Livraria e Distribuidora Ltda.
Rua França Pinto, 498 · São Paulo SP · 04016-002
Telefone: (5511) 5572 5363
atendimento@erealizacoes.com.br · www.erealizacoes.com.br

Este livro foi impresso pela Gráfica HRosa em junho de 2020. Os tipos são da família Weiss BT, Trajan Pro, Fairfield LH e Brioso Pro. O papel do miolo é o Pólen Bold 90 g, e o da capa cartão Ningbo C2 250 g.

Sumário

Introdução	5
Ponto, linha e plano	6
Esfera, tetraedro e cubo	8
Um, dois e três	10
Seis em torno de um	12
Doze em torno de um	14
Os cinco elementos	16
Circulando o quadrado	18
O cânone	20
Pirâmide Pi	22
Metades e terços	24
As formas dos sons	26
A proporção áurea	28
Algumas espirais especiais	30
Como desenhar um pentágono	32
Construindo um heptágono	34
O eneágono	36
Rebatimento	38
Mosaicos simples	40
Outros mosaicos	42
A menor parte	44
Desenhos islâmicos	46
Uma janela de igreja	48
Trifólios e quadrifólios	50
Círculos de pedra e igrejas	52
Arcos encantadores	54
Uma espiral celta	56
Possibilidades pentagonais	58
As dezessete simetrias	60
Notas da tradutora	63

Assentos na capela de Norwoods, na igreja Milton, em Kent, Inglaterra.

4 - GEOMETRIA SAGRADA

Introdução

A geometria sagrada mapeia o desdobramento do número no espaço, diferindo da geometria mundana meramente no sentido em que os seus movimentos, conceitos e produtos são considerados como dotados de valor e significado simbólicos. Assim, como a boa música, o estudo e a prática da geometria podem facilitar a evolução da alma. Como veremos, a jornada básica parte de um único ponto para a linha, seguindo em direção ao plano, através da terceira dimensão e além dela, para retornar novamente ao ponto e observar o que acontece no caminho.

Estas páginas cobrem os elementos da geometria bidimensional – a manifestação do número em uma superfície plana. Este material tem sido utilizado por longo tempo como uma introdução à metafísica. Como os elementos de um tema relacionado, a música, a geometria é um aspecto da revelação, um brilhante e incontestável vestígio da Realidade e um mito da criação em si.

A aritmética, a música, a geometria e o estudo dos padrões no céu são as quatro grandes artes liberais do mundo antigo que lidam com os *quanta* ou com os números inteiros. Essas simples linguagens universais são tão relevantes hoje como sempre o foram, e podem ser encontradas em todas as ciências e culturas conhecidas, sem divergência entre si. Na verdade, é de esperar que qualquer ser tridimensional e razoavelmente inteligente, em qualquer lugar do universo, conheça essas linguagens de forma muito semelhante à que é apresentada aqui.

Logo acima da entrada da Academia de Platão havia uma placa que dizia: "Que nenhum ignorante em geometria entre aqui". Então, vamos fazer alguma pesquisa.

Ponto, linha e plano
Nenhuma, uma e duas dimensões

Comece com uma folha de papel. O ponto é a primeira coisa que pode ser feita. É sem dimensão e não se encontra no espaço. Sem um interior ou um exterior, o ponto é a fonte de tudo o que virá a partir de agora. O ponto é representado (*abaixo*) como uma pequena marca ou sinal circular.

A primeira dimensão, a linha, surge quando o Uno emerge em dois princípios, ativo e passivo (*abaixo à direita*). O ponto escolhe um lugar fora de si mesmo, uma direção. A separação ocorre, e a linha é criada. A linha não tem espessura, e, algumas vezes, se diz que ela não tem fim.

Agora, três "caminhos" tornam-se evidentes (*imagem ao lado*):

> 1. Com uma extremidade da linha imóvel, ou passiva, a outra é livre para rodar e descrever um círculo, que representa o céu.
>
> 2. O ponto ativo da linha também pode mover-se para uma terceira posição, equidistante das duas outras, descrevendo assim um triângulo equilátero.
>
> 3. A linha pode produzir outra, que se afasta da primeira até que as distâncias sejam iguais a fim de formar um quadrado, representando a Terra.

Três formas se manifestaram: círculo, triângulo e quadrado. Todas são ricas em significado. Nossa jornada começou.

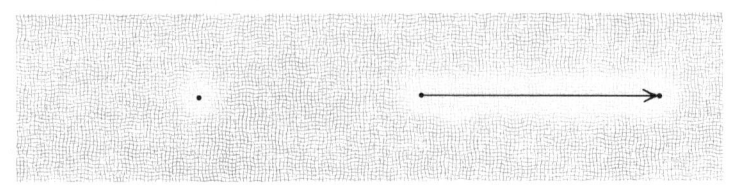

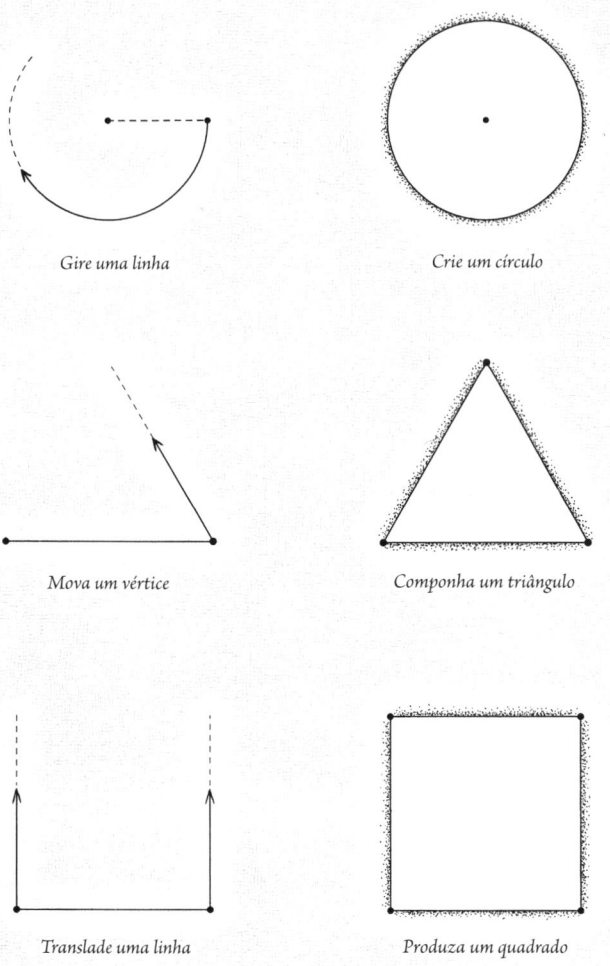

Esfera, tetraedro e cubo
De duas a três dimensões

Embora este livro se preocupe principalmente com o plano, os três "caminhos" – da rotação, do movimento de um vértice e do translado de um objeto – são levados aqui um passo adiante, em direção a três dimensões (*imagem ao lado*):

1. O círculo gira para se tornar uma esfera. Algo que era circular permanece essencialmente circular (*linha superior*).

2. O triângulo produz um quarto ponto a uma distância igual dos outros três vértices para compor um tetraedro. Dessa forma, um triângulo equilátero cria mais outros três (*linha central*).

3. O quadrado ergue um segundo quadrado, equidistante de si mesmo, até que se formem outros quatro quadrados e um cubo seja criado (*linha inferior*).

Observe-se como é preservada a divisão essencial em circularidade, triangularidade e perpendicularidade da página anterior.

A esfera é um símbolo do cosmos e da totalidade da criação manifesta. Na natureza, coisas muito grandes e muito pequenas tendem a ser esféricas. Einstein descobriu que um ponto em quatro dimensões (ou seja, você aqui e agora) é uma esfera em expansão à velocidade da luz, e tudo o que podemos ver do universo inteiro está dentro de uma esfera de horizonte de eventos. Já o cubo representa a Terra.

Comparada a qualquer outro sólido tridimensional existente, a esfera possui a menor área de superfície possível em relação ao seu volume, enquanto, entre os sólidos regulares, o tetraedro é o oposto.

De fato, o tetraedro esconde um cubo: se você desenhar uma única linha diagonal em cada face de um cubo, de forma que elas se juntem nos cantos, terá definido as arestas de um tetraedro. Experimente!

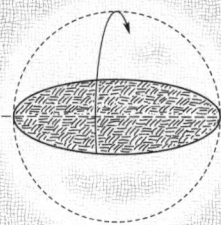
Gire um círculo

Crie uma esfera

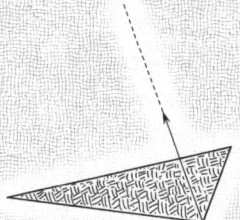
Mova um vértice

Componha um tetraedro

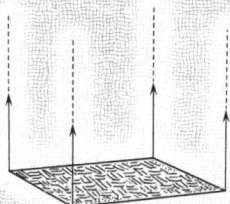
Translade um quadrado

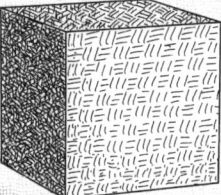
Produza um cubo

Um, dois e três
Brincando com círculos

Pegue uma régua, um compasso, algo com o que desenhar. Desenhe uma linha horizontal ao longo da página. Abra o compasso e coloque a ponta sobre a linha. Em seguida, desenhe um círculo (*topo, imagem ao lado*).

Onde o círculo cortar a linha, coloque a ponta do compasso e desenhe outro círculo, deixando o compasso com a mesma abertura anterior. Quando um círculo é desenhado sobre outro círculo dessa forma, de modo que ambos atravessem os centros um do outro, então surge uma importante forma de amêndoa, a *vesica piscis*, que significa literalmente "bexiga de peixe". Essa é uma das primeiras coisas que os círculos podem fazer. Cristo é muitas vezes representado dentro de uma *vesica*. Dois triângulos equiláteros também são definidos dentro dela (*centro, imagem ao lado*).

Como antes, um terceiro círculo pode ser adicionado à linha, normalmente do outro lado do primeiro círculo desenhado, e, com esse simples ato, definem-se todos os seis pontos de um hexágono perfeito (*embaixo, imagem ao lado*). Alternativamente, um terceiro círculo pode ser adicionado, como mostrado abaixo, para produzir uma forma triangular elegante.

Assim, os círculos produzem facilmente triângulos e hexágonos perfeitos.

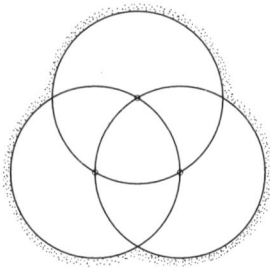

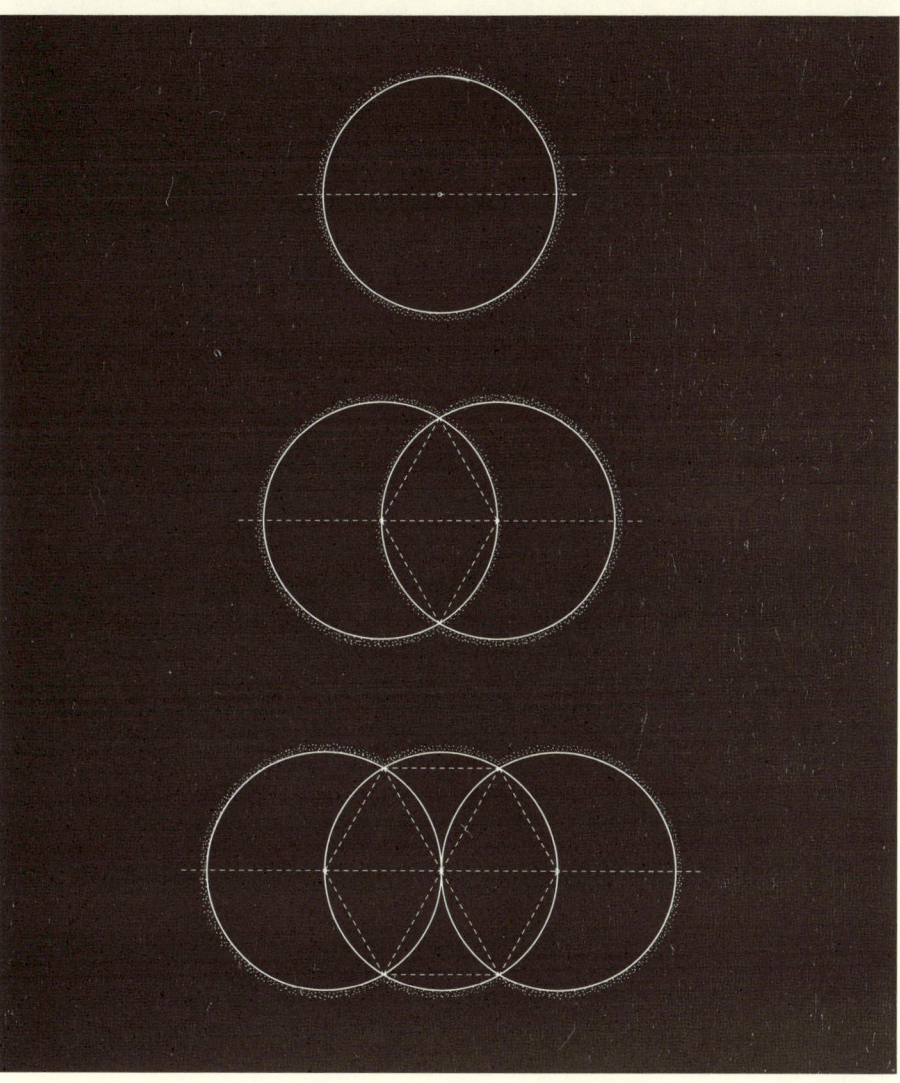

Seis em torno de um
Ou doze, ou mesmo dezoito

Os seis pontos do hexágono dão origem ao padrão floral apresentado abaixo. De forma alternativa, ele pode ser desenhado ao fazermos um círculo "andar" em torno de si mesmo – algo que a maioria das crianças faz na escola, quer sob a instrução de um professor, quer apenas brincando com um compasso.

Estamos agora buscando o diagrama inferior da imagem ao lado, e precisamos dos centros dos seis círculos externos. Uma maneira de conseguir isso é estender a flor, desenhando levemente os seis círculos que aparecem tracejados no diagrama superior da imagem, para encontrarmos os seis centros. Ou, então, podemos desenhar linhas retas, como vemos no diagrama inferior (*imagem ao lado*). Ambas as maneiras funcionam.

Podemos ver agora que seis círculos iguais cabem perfeitamente ao redor de outro idêntico. Podemos usar copos, moedas ou bolas de tênis em conjunto para comprovar essa propriedade; ainda assim, ela é realmente extraordinária. Na Bíblia, o "seis em torno de um" é um tema com que o Antigo Testamento é aberto, com os seis dias de trabalho e o sétimo dia de descanso. De fato, há muito das características do seis nos círculos.

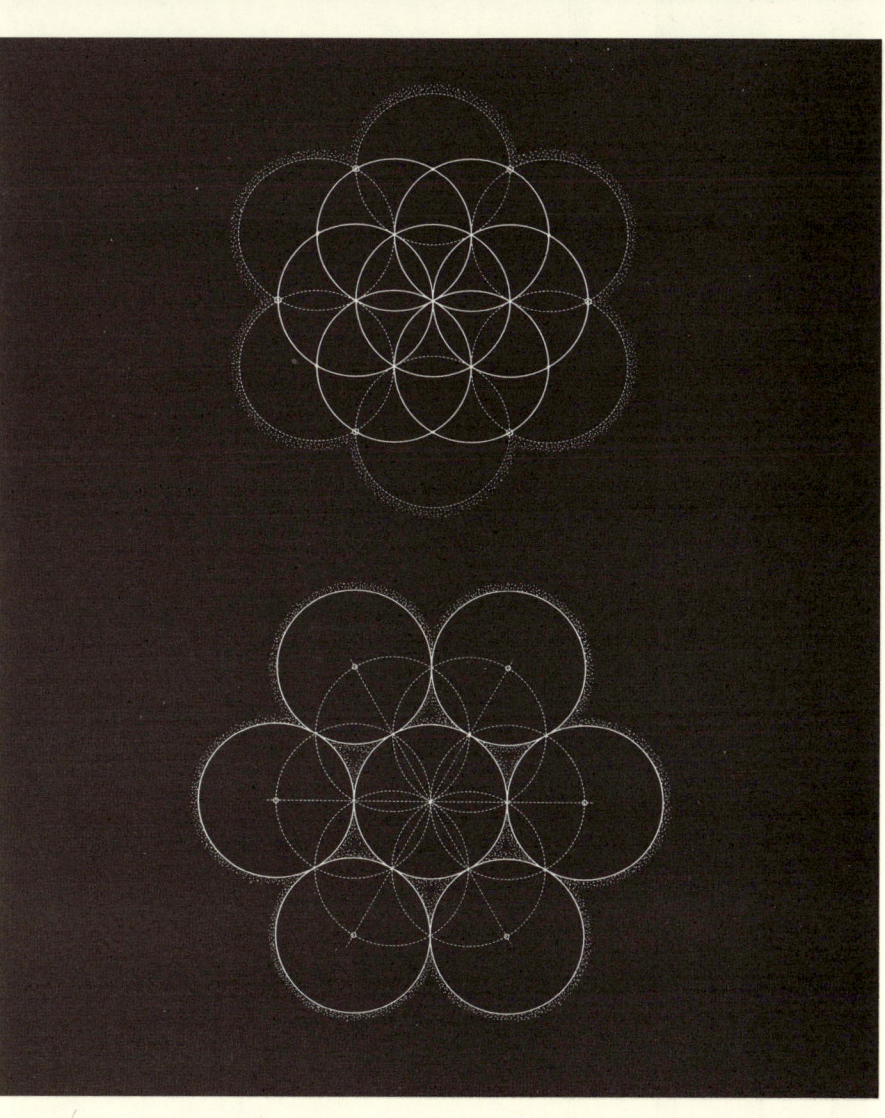

DOZE EM TORNO DE UM
Como desenhar um dodecágono

Assim como o um produz o seis, também o seis produz o doze. Aqui, os braços de uma estrela de seis pontas se estendem da flor para cruzar as margens externas dos seis círculos. De uma bela maneira, consegue-se uma perfeita divisão global do espaço em doze partes (*imagem ao lado*). O polígono de doze lados é chamado dodecágono, que significa literalmente "doze faces".

O dodecágono também é formado com seis quadrados e seis triângulos equiláteros ajustados harmoniosamente em torno de um hexágono – consegue vê-los todos na imagem ao lado? Além disso, essa forma se divide em seus fatores – três, quatro e seis – como quatro triângulos, três quadrados e dois hexágonos (*linha inferior, imagem ao lado*).

Abaixo está a versão tridimensional da mesma história. Uma bola naturalmente acomoda doze outras ao redor de si, de modo que cada uma delas toque a bola central e quatro vizinhas. Pode-se observar esse tipo de disposição em maçãs e laranjas em qualquer banca de um mercado. Essa forma é chamada cuboctaedro e está intimamente relacionada ao tetraedro e ao cubo que vimos na página 9. A maioria dos cristais cresce ao longo dessas linhas.

Em três dimensões, o doze é o número que se encaixa em torno do um, da mesma maneira que o seis se encaixa em torno do um em duas dimensões. O Novo Testamento, por exemplo, é uma história de um professor cercado por doze discípulos.

14 - GEOMETRIA SAGRADA

Os cinco elementos
Uma breve incursão na terceira dimensão

Vale lembrar aqui que há apenas cinco sólidos tridimensionais regulares. Cada um deles tem arestas iguais, cada face é o mesmo polígono perfeito, e cada vértice está à mesma distância do centro. Conhecidos como os cinco sólidos platônicos, foram identificados nas Ilhas Britânicas dois mil anos antes de Platão – conjuntos de pedra esculpida de quatro mil anos de idade foram encontrados em círculos em Aberdeenshire, na Escócia (*figura abaixo, de Critchlow*).

O primeiro sólido é o tetraedro, com quatro vértices e quatro faces de triângulos equiláteros, tradicionalmente representando o elemento Fogo. O segundo sólido é o octaedro, criado com seis pontos e oito triângulos equiláteros, representando o Ar. O cubo é o terceiro sólido, com oito vértices e seis faces quadradas, representando a Terra. O quarto é o icosaedro, com doze vértices e vinte faces de triângulos equiláteros, representando o elemento Água. O quinto e último elemento é o dodecaedro, que possui vinte vértices, representando o misterioso quinto elemento, o Éter.

Observe quão belo é o dodecaedro e como é feito de doze pentágonos, formas de cinco lados perfeitas.

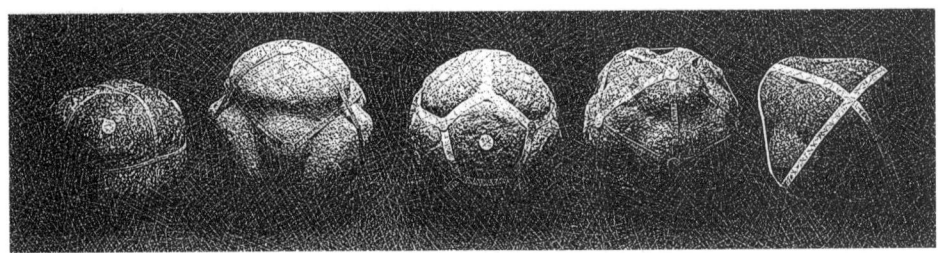

Tetraedro

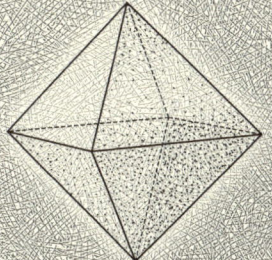
Octaedro

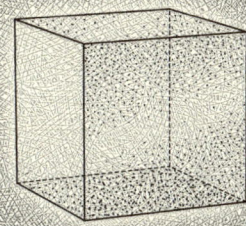
Cubo

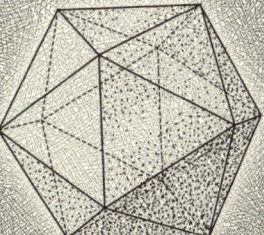
Icosaedro

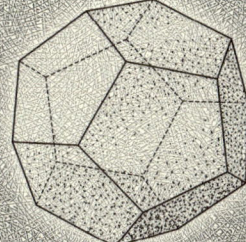
Dodecaedro

Circulando o quadrado
O casamento de céu e terra

O círculo é a forma tradicionalmente atribuída ao céu, e o quadrado à Terra. Quando essas duas formas são unificadas, ao serem construídas iguais em área ou perímetro, falamos da "quadratura do círculo", o que significa que céu e Terra, ou espírito e matéria, estão simbolicamente associados ou casados. O homem quíntuplo existe entre o sêxtuplo Céu e a quádrupla Terra, e a imagem de Leonardo da Vinci (*ao lado*) também mostra que a envergadura do homem é igual à sua altura, que essa medida equivale a sete vezes a medida de seus pés e outras proporções importantes.

Terra e Lua juntas criam a quadratura do círculo, pois se a Lua (diâmetro 3) for posicionada tangenciando a circunferência da Terra (diâmetro 11), então um círculo celeste que atravesse o centro da Lua (*linha pontilhada, centro da imagem abaixo*) tem um raio 7 e, assim, uma circunferência 44, que é a mesma medida do perímetro do quadrado ao redor da Terra. Isso funciona porque o π (pi), que relaciona a circunferência de um círculo ao seu diâmetro, é praticamente igual a 22/7 (3,1428571...). Na imagem de Da Vinci, a Lua caberia acima da cabeça do homem.

Também mostramos (*abaixo à esquerda e à direita*) uma forma simples de construção de um quadrado com régua e compasso. Os octógonos vêm logo a seguir.

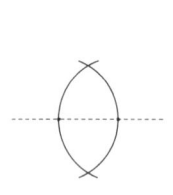
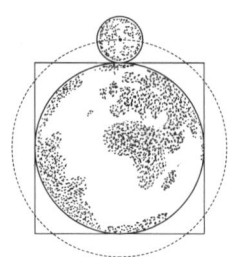
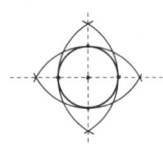

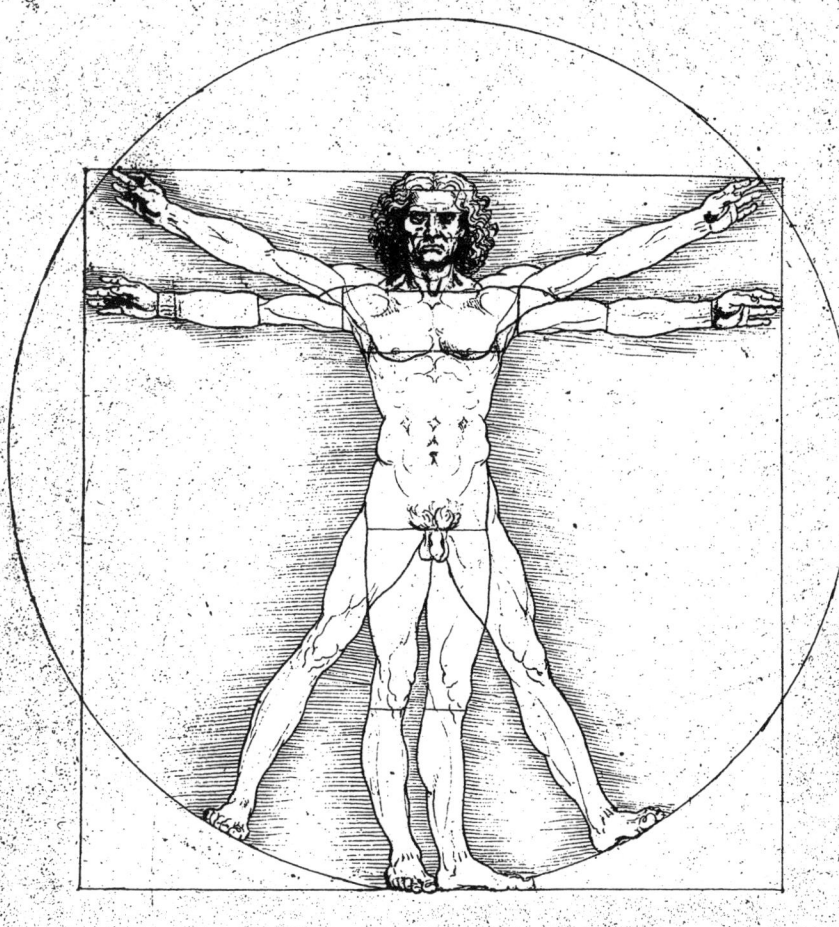

O CÂNONE
Três, sete e onze

A quadratura do círculo como 3:11 está codificada em uma porta na Igreja Gerum, em Gothland, na Suécia (*imagem ao lado*). São fartos os mitos irlandeses e nórdicos com contos de 33 guerreiros (3 x 11). O Sol leva 33 anos para uma perfeita repetição do nascer do sol no horizonte; Jesus morre e ressuscita aos 33 anos; o Ramadã ocorre a cada 12 luas e leva 33 anos para se mover pelo calendário. A metade entre 3 e 11 é 7, e é um segredo antigo que a inclinação da Terra, frequentemente escondida na arte sacra como a inclinação de uma cabeça santa (a da Virgem Maria ou do Buda), é a diagonal de um retângulo com 3 medidas de largura por 7 de altura. Por fim, a proporção 11/7 é o antigo valor egípcio para a metade do π.

O diagrama de Sandreckoner (*imagem ao lado*) é uma maneira original de dividir as arestas de um retângulo em frações harmônicas (*segundo Malcolm Stewart*).

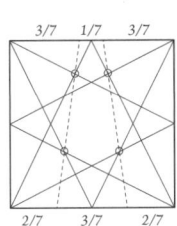

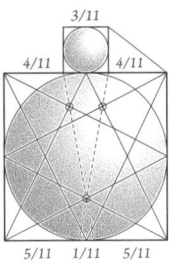

Acima e abaixo: o diagrama de Sandreckoner. Simplesmente juntando os cantos aos centros de cada lado de um quadrado, suas arestas podem ser divididas exatamente em 3, 4, 5 e, além disso, em 7 e 11 partes iguais, o que faz desse diagrama um instrumento extremamente útil. As linhas iniciais também produzem uma superabundância de comprimentos de números inteiros, de áreas e de formas, incluindo uma infinidade de triângulos pitagóricos de lados 3-4-5 em várias escalas.

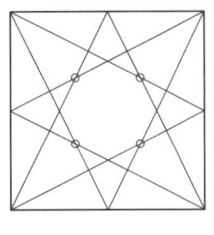

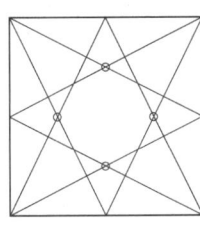

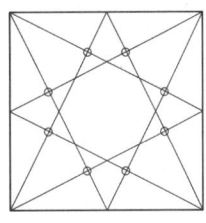

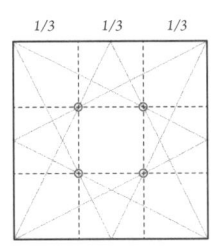

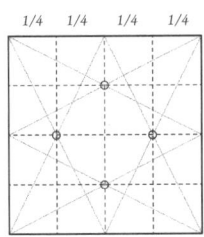

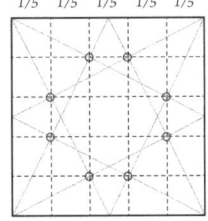

Pirâmide Pi
Um casamento de tudo

Talvez não exista um objeto geométrico mais famoso na Terra que a Grande Pirâmide de Gizé, no Egito, com suas passagens estranhas e câmaras enigmáticas. Os cinco diagramas na página ao lado nos mostram que:

    1. O quadrado da altura é igual à área de cada face.

    2. A proporção áurea na pirâmide, $\Phi = 1,618$ (*ver página 28*).

    3. Na pirâmide, o Pi, ou π, define a relação entre a circunferência de um círculo e seu diâmetro (3,141559...).

    4. A pirâmide gera a quadratura do círculo (*ver página 18*).

    5. Um pentagrama define uma "rede" para a pirâmide – corte e dobre!

Geometria significa "medida da Terra". A pirâmide funciona como um relógio de sol absurdamente preciso, como um observatório de estrelas, como ferramenta de agrimensura e como repositório para pesos e padrões de medida. Medições altamente precisas da Terra estão inscritas em seu projeto, assim como dados astronômicos detalhados e as lições geométricas simples apresentadas aqui.

Um triângulo de lados 3-4-5 encaixa-se na forma da Câmara do Rei (*abaixo*) e também fornece o ângulo de inclinação da segunda Pirâmide de Gizé. A meio caminho entre as duas inclinações está a medida de 51,4°, que equivale a aproximadamente um sétimo de um círculo.

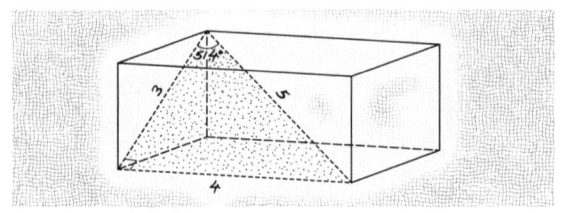

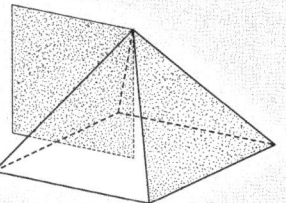

Um mapa da Terra
Quadrado da altura = área da face

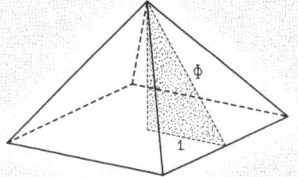

A proporção áurea na pirâmide
Cosseno da inclinação = 0,618

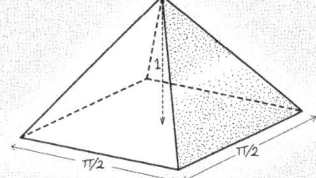

Pi na pirâmide
Perímetro = 2π (pi) altura

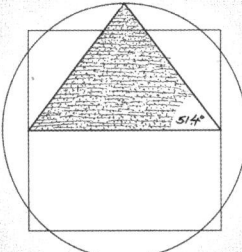

Circunferência do círculo na altura
= perímetro da base da pirâmide

Construindo a pirâmide a partir de um pentagrama desenhado dentro de um círculo

METADES E TERÇOS
Definidos por triângulos e quadrados

Um triângulo equilátero (*canto superior esquerdo, imagem ao lado*) ou dois quadrados encaixados (*canto superior direito, imagem ao lado*) fazem ambos a mesma coisa: o círculo dentro de cada uma dessas figuras tem exatamente metade do tamanho do círculo ao redor delas. Essa é uma imagem geométrica da oitava musical, em que um comprimento de corda ou uma frequência é reduzida à metade ou duplicada.

Convenientemente, o equivalente tridimensional do triângulo, o tetraedro, define a próxima proporção fracionada, um terço, como a razão entre o raio da esfera mais interna e o raio da esfera que a contém (*canto inferior esquerdo, imagem ao lado*). Dois cubos ou octaedros encaixados ou um octaedro dentro de um cubo (*canto inferior direito, imagem ao lado*) produzem a mesma proporção de um terço. Essa proporção geométrica é musicalmente igual a uma oitava mais uma quinta em notação harmônica. Assim, duas dimensões prontamente definem uma *metade*, e três dimensões definem um *terço*.

Um casamento não tão perfeito ocorre entre o cinco e o oito, cujas geometrias muitas vezes brincam entre si. Em ambos os diagramas abaixo, o círculo interior poderia ter o tamanho ou representar a órbita do planeta Mercúrio, se o círculo exterior fosse tomado pelo tamanho ou pela órbita da Terra.

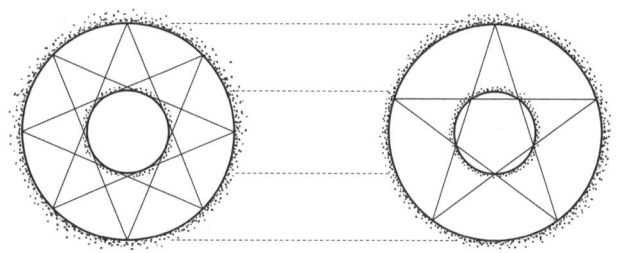

Ad triangulum:
um triângulo equilátero define dois círculos, tendo um metade do tamanho do outro

Ad quadratum:
dois quadrados encaixados definem dois círculos, novamente tendo um metade do tamanho do outro

Ad tetratum:
a esfera dentro de um tetraedro tem um terço do tamanho da esfera externa

Ad cuboctum:
um cubo e um octaedro novamente definem uma esfera interna um terço menor que a esfera externa

As formas dos sons
E três quartos

A geometria é o "número no espaço", a música é o "número no tempo". Os intervalos musicais básicos são simplesmente relações elementares: 1:1 (uníssono), 2:1 (a oitava), 3:2 (a quinta), 4:3 (a quarta) e assim por diante. A diferença entre a quarta e a quinta, que funciona em 9:8, é o valor de um tom. Os intervalos musicais, assim como as proporções geométricas, sempre envolvem dois elementos em relação: dois comprimentos de corda, dois períodos (extensões de tempo) ou duas frequências (pulsações por período de tempo). Relações simples que soam e parecem belas.

Podemos ver intervalos musicais harmônicos como figuras geométricas ao balançar uma caneta em círculo em determinada frequência, e uma mesa, também em círculo, em outra frequência (esse efeito pode ser obtido com uso de um *harmonógrafo*). Na imagem ao lado são vistos dois padrões de intervalo quase perfeitos. A oitava (*superior*) é desenhada como uma forma triangular, a quinta (*inferior*) como uma forma pentagonal.

Duas oitavas, 4:1, ou uma quarta podem ser definidas, de forma exata, por dois triângulos, quatro quadrados ou, curiosamente, por um pentágono em um pentagrama (*imagem abaixo*).

A PROPORÇÃO ÁUREA
E outras fontes importantes

Um pentagrama dentro de um pentágono é apresentado na imagem ao lado. Um simples nó cuidadosamente amarrado em uma fita ou tira de papel, bem apertado e achatado, forma um pentágono perfeito. Experimente fazer um qualquer dia!

No diagrama principal da imagem ao lado, é possível ver que pares de linhas são tracejados cada um de maneira diferente. O comprimento de cada par de linhas encontra-se na proporção áurea 1:φ, onde φ (pronuncia-se *"phi"*) pode ser 0,618 ou 1,618 (mais exatamente 0,61803399...). Esta obra adota a letra minúscula φ para representar 0,618, e a letra maiúscula Φ para representar 1,618.

É importante ressaltar que φ divide uma linha de modo que a razão entre a parte menor e a maior seja equivalente à razão entre a parte maior e o todo. Não há outra proporção que se comporte tão elegantemente em torno da unidade. Por exemplo, 1 ÷ 1,618 = 0,618, e 1,618 × 1,618 = 2,618. Assim, 1 dividido por Φ é igual a φ (ou Φ menos 1), e Φ multiplicado por Φ é igual a Φ mais 1!

A proporção áurea é uma das três proporções simples encontradas nos primeiros polígonos (*figuras menores da imagem*). Com comprimentos de aresta iguais a 1, um quadrado produz uma diagonal interna igual a $\sqrt{2}$ (raiz quadrada de dois), um pentagrama produz uma diagonal igual a Φ, e um hexágono uma diagonal igual a $\sqrt{3}$ (raiz quadrada de três). Muitos objetos familiares, de fitas cassete a cartões de crédito, e portas frontais gregorianas, são retângulos Φ. As raízes quadradas de dois e de três são amplamente encontradas em cristais, enquanto Φ aparece predominantemente na vida orgânica, possivelmente devido à natureza icosaédrica flexível da água e de outros líquidos. Todas as três proporções geométricas são empregadas no bom *design*, juntamente com as relações harmônicas.

Os termos vizinhos na série Fibonacci 1, 1, 2, 3, 5, 8, 13, 21, 34, 55... (adicionando cada par de números para encontrar o seguinte) aproximam-se de φ com precisão cada vez maior. Para um interessado no assunto, φ = ½($\sqrt{5}$ – 1) e Φ = ½($\sqrt{5}$ +1).

Algumas espirais especiais
E como desenhá-las

Espirais são formas maravilhosas que a natureza utiliza em todas as escalas. Três foram selecionadas para este livro, todas dão a impressão de uma espiral formada de múltiplos arcos de círculos.

A primeira é a voluta jônica grega, apresentada no canto superior esquerdo da imagem ao lado. Essa espiral é bastante difícil de desenhar, e o segredo está no pequeno "diagrama" que aparece acima dela. As linhas tracejadas no desenho principal mostram os raios dos arcos e dão pistas para os centros dos círculos.

Espirais regulares como a que aparece no canto superior direito também precisam de um diagrama, que pode simplesmente ser composto de dois pontos (o mais fácil), de um triângulo, de um quadrado, de um pentágono ou de um hexágono (*como na figura*). Quanto mais pontos você tiver, mais perfeita será a espiral. Veja como fazer uma com apenas dois pontos: marque dois pontos muito próximos um do outro e desenhe um semicírculo centrado em um e partindo do outro. Agora, mantendo o lápis no mesmo lugar, abra o compasso um pouco mais amplamente, movendo a ponta para o outro ponto marcado, e continue na mesma direção, desenhando outro semicírculo. Repita o procedimento algumas vezes, e uma espiral aparecerá. Parece mais difícil do que realmente é – se você tentar, logo perceberá como funciona. Quanto maior o diagrama, mais amplos serão os anéis da espiral. Agora olhe novamente para o diagrama da voluta jônica – pode ver o que está acontecendo?

A figura maior mostra uma espiral de proporção áurea, membro da família das espirais exponenciais, que são comuns em todo o mundo natural. Um retângulo de proporção áurea tem uma propriedade especial: ao se remover um quadrado dele, surge outro retângulo de proporção áurea. Então, a espiral de proporção áurea é formada pela remoção de quadrados sucessivos e pelo preenchimento desse espaço com um quarto de arco.

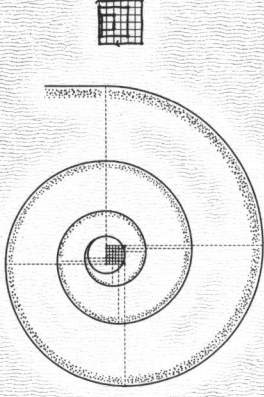

*Espiral voluta jônica grega
com diagrama secreto acima para a
posição do compasso*

*Espiral regular
baseada em um hexagrama
de posições do compasso*

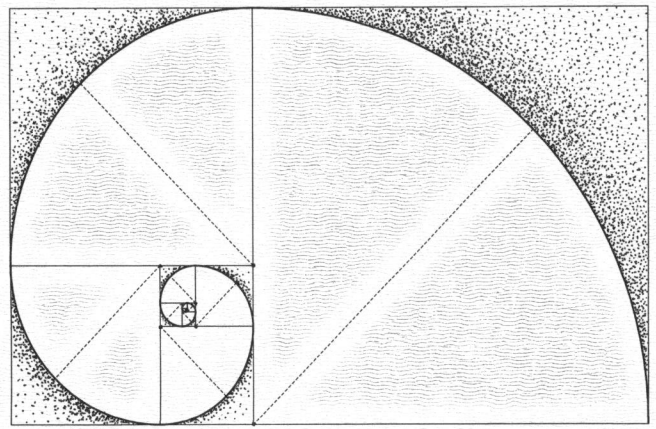

Espiral de proporção áurea em um retângulo de proporção áurea

Como desenhar um pentágono
E um retângulo de proporção áurea

O método de construção de um pentágono apresentado na imagem ao lado é perfeito e encontra-se no *Almagesto*[1] de Ptolomeu (morto cerca de 168 d.C.).

Desenhe uma linha horizontal com um círculo sobre ela. Mantenha a abertura do compasso fixa, coloque sua ponta em <1> e desenhe a *vesica* passando através do centro do círculo. Agora, aumente a abertura do compasso e desenhe arcos com o centro em <1> e <2> que se cruzem acima e abaixo do círculo. Use uma régua para desenhar a linha vertical que passa através do centro do círculo. Em seguida, desenhe uma linha vertical através da *vesica* para produzir <3>. Com a ponta do compasso em <3>, trace um arco para baixo a partir de <4>, na parte superior do círculo, para encontrar <5>. Com a ponta em <4>, gire o compasso através de <5> para encontrar dois vértices do pentágono.[2] Por sua vez, com a ponta do compasso sobre esses novos pontos, gire-o a partir do topo[3] para encontrar os dois últimos vértices do pentágono.

Um retângulo de proporção áurea, amplamente utilizado em pintura e arquitetura, é construído a partir do ponto médio do lado de um quadrado (*abaixo*).

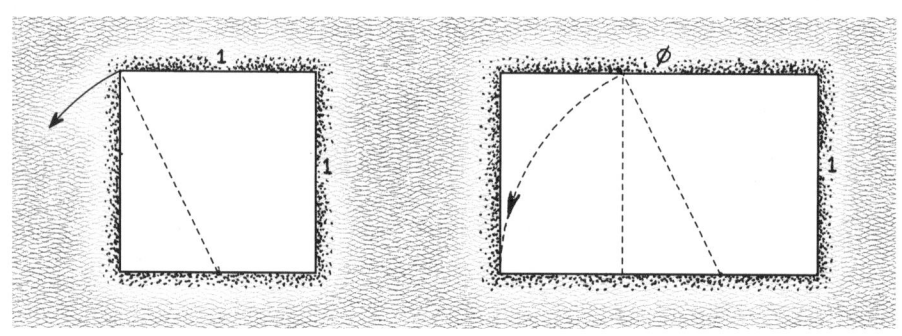

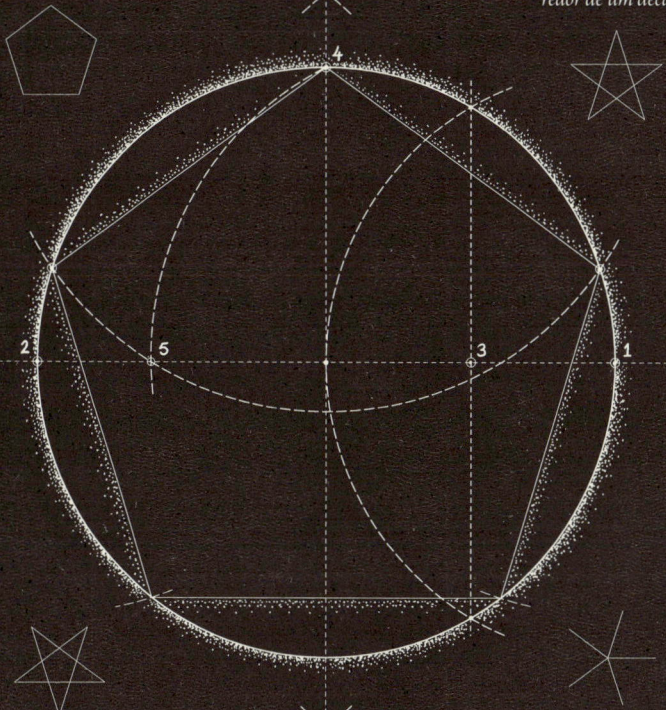

Um método antigo para a construção de um PENTÁGONO perfeito: os pontos numerados representam as posições do compasso.

Um decágono (dez lados) pode ser facilmente construído a partir de um pentágono: dez pentágonos encaixam-se precisamente ao redor de um decágono.

O pentágono e seu gêmeo estelar, o pentagrama, são ambos símbolos da água – sendo cada molécula desse elemento um dos cantos de um pentágono – e da própria força vital.

O número cinco representa a união sagrada do dois (feminino) com o três (masculino), simbolizando, assim, a reprodução e as artes mágicas da cura.

Construindo um heptágono
Sete a partir de três

Divida um círculo em seis partes e desenhe o triângulo equilátero primário. Encontre os pontos médios <1> e <2> dos dois braços superiores do triângulo e desça duas linhas perpendiculares para encontrar os pontos <3> e <4> na base do triângulo, e outros dois pontos na parte inferior do círculo. Por fim, partindo do topo do círculo, gire o compasso passando através desses quatro pontos no triângulo para encontrar os quatro últimos pontos, sobre o círculo, dos sete que são os vértices do heptágono.

Embora seja impossível traçar um heptágono preciso usando somente régua e compasso, você pode fazê-lo perfeitamente usando sete hastes iguais ou palitos de fósforo (*abaixo à esquerda*). Essa cunha equivale a exatamente uma décima quarta parte de um círculo, razão por que são necessárias duas delas para uma sétima parte. Outras soluções antigas e menos precisas utilizam uma corda com seis nós ou formando um círculo fechado com treze nós (*abaixo ao centro e à direita*).

Os antigos construtores eram surpreendentes agrimensores. Os círculos de pedra de Avebury, na Inglaterra, estão posicionados exatamente na latitude 51,4°, equivalente a um sétimo de um círculo a partir do equador. Luxor, no Egito, está em uma latitude exatamente a meio caminho entre o equador e Avebury. Meca, entretanto, está na latitude áurea setentrional entre os dois polos.

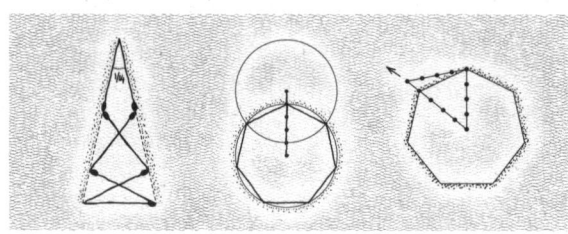

O ENEÁGONO
Nove e os losangos mágicos

A construção apresentada ao lado divide um círculo em nove partes de forma quase perfeita, a partir de uma estrela inicial de seis pontas, utilizando três centros.

Os dígitos de muitos números especiais somam nove: 2160 ou 7920, por exemplo; o diâmetro da Lua e da Terra em milhas; ou 360 e 666, e ângulos pentagonais como 36, 72 e 108. Na verdade, os dígitos de todos os múltiplos de nove somados resultam em nove. Nove é o resultado de três vezes três, ou três ao quadrado. Muitas culturas tribais falam de nove mundos ou nove dimensões.

O losango de ouro de Bush Barrow,[4] encontrado perto de Stonehenge (*abaixo à direita*), tem ângulos internos de 80° e 100°, sugerindo uma geometria nônupla. Na latitude de Stonehenge, o nascer e o pôr do sol variam mais de 80°, enquanto o nascer e o pôr da lua variam mais de 100°, de modo que esse era um objeto útil.

Não é para iniciantes o fato obscuro de que um eneágono de pontas esféricas (ou nove moedas dispostas em uma figura perfeita de nove lados) possa conter precisamente mais duas moedas que se tocam sem se sobrepor (*abaixo à esquerda*).

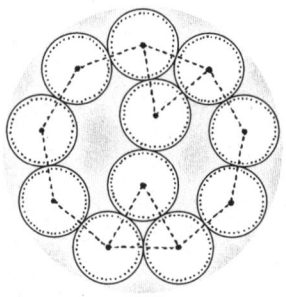 

O método de John Michell para a
construção de um eneágono quase
perfeito começa com um hexagrama
dentro de um círculo.

Um método simples e memorável,
suficientemente preciso para os fins
mais práticos.

O simbolismo do nove está coberto
por véus de iniciação, cheio de
narrativas sobre nove mundos
ou nove reinos que aparecem em
muitas tradições xamânicas.

O nove é o quadrado de três e,
juntamente com o oito, que é o
cubo de dois, é muito importante
nas cosmologias orientais.

REBATIMENTO
E a regra de três

Os pintores possuem uma maleta cheia de truques secretos para ajudá-los a produzir a imagem perfeita. Aos estudantes de composição é ensinada "a regra de três", pela qual a tela é dividida em três partes horizontal e verticalmente, resultando em nove pequenas versões do retângulo original (*abaixo à esquerda*). As quatro interseções produzidas são excelentes lugares para escolher pontos focais da pintura, e são utilizadas por muitos artistas. Em contraste, itens colocados em linhas centrais parecem artificiais na composição, muito óbvios.

Outro truque é desenhar um quadrado dentro do retângulo e usar as linhas produzidas como eixos focais (*abaixo ao centro*). Isso é chamado rebatimento. Em retângulos de proporção áurea, o espaço deixado por um quadrado é outro retângulo de proporção áurea. Esse processo de divisão do retângulo pode ser feito indefinidamente.

Centros ocultos são encontrados usando as diagonais de um retângulo, e triângulos retângulos são formados com os vértices opostos a cada diagonal (*abaixo à direita*).

A divisão de uma linha em duas ou três partes utiliza os primeiros passos da sequência Fibonacci — 1, 2, 3, 5, 8, 13, 21, e assim por diante —, em que os termos adjacentes se aproximam da proporção áurea 0,618. Alguns pintores utilizam divisões da composição na proporção de 3/5 ou até a própria proporção áurea. Na imagem ao lado, vemos dois exemplos maravilhosos de rebatimento em ação. Botticelli utiliza um retângulo de proporção áurea, reduzido em etapas pelo rebatimento, para compor o seu quadro, enquanto Grimshaw utiliza um retângulo entre Φ e √2, com metades e linhas de proporção áurea como guias.

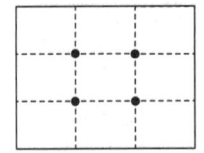

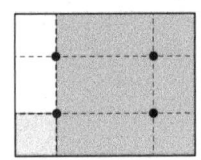

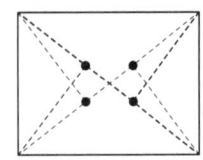

O Nascimento de Vênus, de Sandro Botticelli. Um retângulo de proporção áurea com quadrados interiores define o horizonte, além da espinha dorsal, do umbigo e de outras características da figura central.

A Fada Íris, de John Atkinson Grimshaw, é posicionada utilizando-se linhas centrais e divisões de proporção áurea. A fada existe apenas em metade da pintura.

Mosaicos simples
Repetindo padrões sobre uma superfície infinita

Um recobrimento regular do plano – ou *tesselação*[5] – ocorre quando o mesmo polígono regular é usado para preencher o plano sem deixar espaços vazios. Apenas três dos polígonos regulares conseguem isso (*imagem abaixo*). Um recobrimento *semirregular* permite o uso de mais de um tipo de polígono, mas insiste em que cada vértice seja idêntico. Por exemplo, no padrão central da imagem ao lado, cada vértice é um encontro entre dois hexágonos e dois triângulos. São possíveis oito recobrimentos semirregulares, e todos aparecem na imagem ao lado (embora as tramas superiores esquerda e direita sejam, na verdade, versões espelhadas uma da outra e contem como um).

Alguns padrões podem ser preenchidos. Como apresentado na página 15, os dodecágonos são feitos apenas de hexágonos, triângulos e quadrados, enquanto os hexágonos são simplesmente coleções de triângulos. Triângulos e quadrados podem ser combinados para fazer as coisas mais incríveis juntos (*ver página ao lado*).

Os octógonos somente se juntam com quadrados (*centro da fileira superior, imagem ao lado*). Os pentágonos não se encaixam muito bem no plano, sendo preferível a terceira dimensão para isso (*ver páginas 16-17*). Heptágonos e eneágonos ficam de fora.

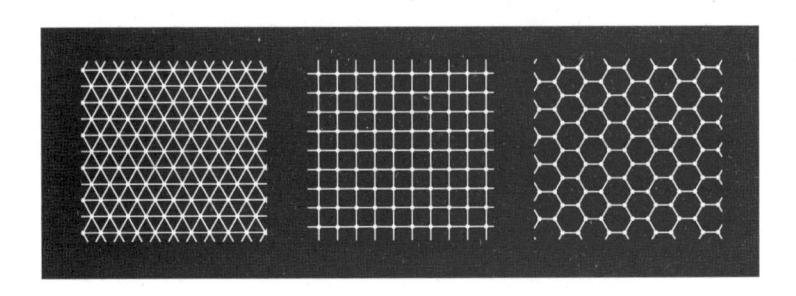

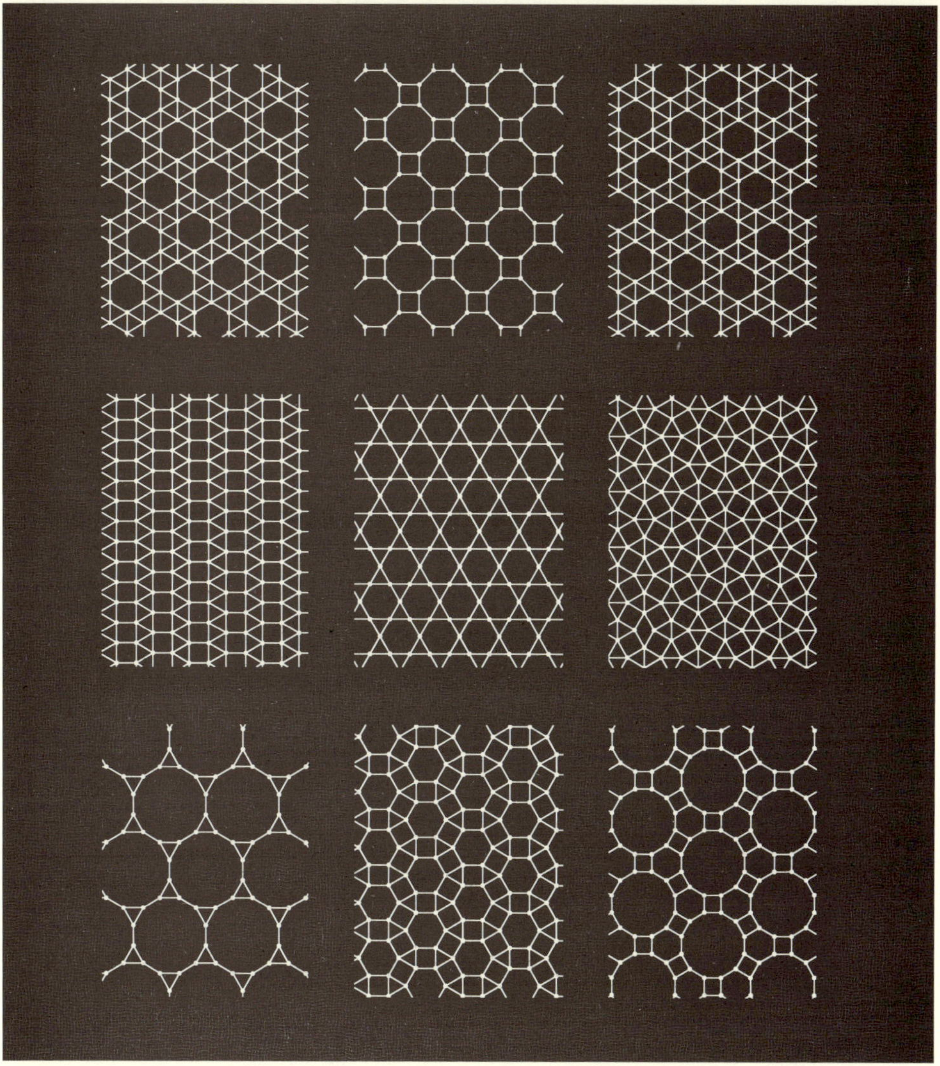

OUTROS MOSAICOS
Mais diversão no banheiro

Há vinte recobrimentos *demirregulares* (em que dois tipos de formação de vértices são permitidos), e a maioria deles, além de algumas outras maneiras interessantes de preencher o plano geométrico, é apresentada nestas duas páginas.

As tesselações formam a base para a construção de padrões em muitas tradições de arte sacra e decorativa ao redor do mundo. Podem ser encontradas subjacentes aos padrões celtas e islâmicos, e no mundo natural aparecem como estruturas cristalinas e celulares. William Morris[6] usou-os extensamente em seus projetos de papéis de parede e estampas de tecido com padrões repetidos. Suas aplicações são limitadas apenas por nossa imaginação!

Na página seguinte, vemos uma dessas malhas sendo posta em prática.

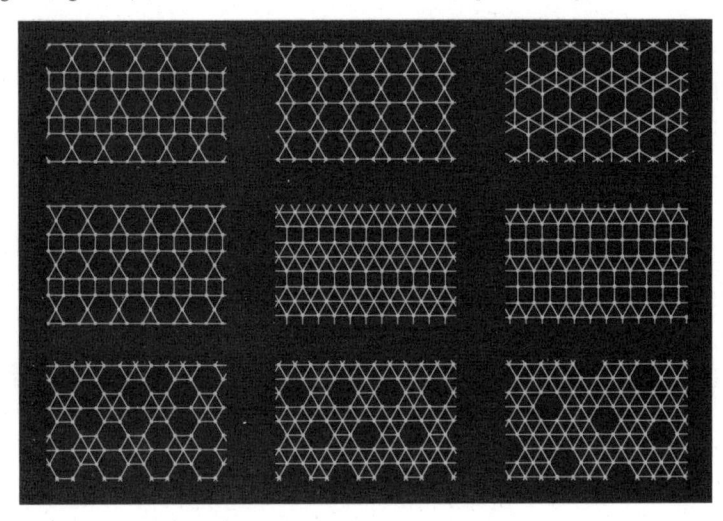

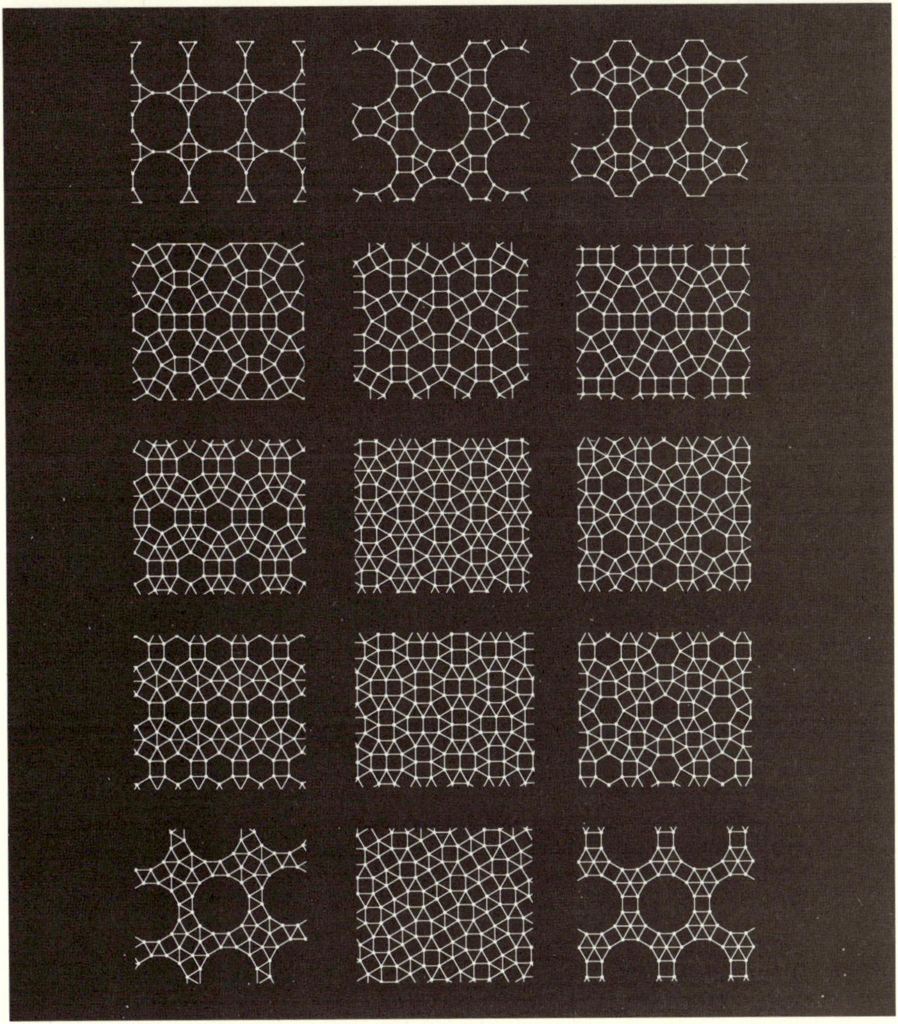

A MENOR PARTE
Estampas reversíveis e blocos rotativos

Muitas das malhas semirregulares e demirregulares de recobrimento do plano podem ser reduzidas a uma simples unidade quadrada ou triangular que pode, então, ser refletida ou rotacionada para recriar o padrão completo. Muitas vezes, essas unidades triangulares ou quadradas de repetição são surpreendentemente pequenas. No entanto, vale a pena lembrar que, em aplicações práticas, é frequentemente mais fácil girar um bloco de impressão ou uma matriz do que espelhar a imagem — em tais casos, tem-se de duplicar a matriz ou gravar um bloco de impressão maior.

O modelo apresentado ao lado baseia-se em uma das redes da página anterior (veja se você consegue descobrir qual delas). É produzido por rotação e espelhamento da unidade principal (*abaixo à direita e na página ao lado no topo*).

Quadrados e triângulos equiláteros podem ser reduzidos à metade para produzir unidades triangulares menores (*abaixo à esquerda*). Mas, novamente, tome cuidado e pense no que está fazendo: não é possível fazer a mesma coisa com o exemplo apresentado na imagem ao lado. Você sabe por quê?

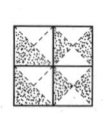

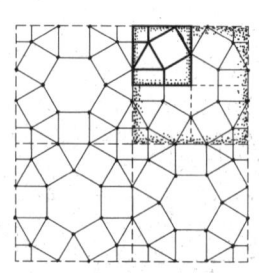

Esta é a menor unidade do padrão abaixo, desenhada na mesma escala e mostrando as linhas-guias que orientaram o projeto.

Note como folhas e pétalas foram posicionadas ao longo das bordas do ladrilho, com os centros das flores no centro dos pontos de rotação.

Desenhos islâmicos
Estrelas nascem de malhas secundárias

Os padrões islâmicos falam do infinito e do centro onipresente.

Para o padrão na imagem ao lado, comece com seis círculos ao redor de um, desenvolvendo uma malha de dodecágonos sobrepostos a partir de triângulos, quadrados e hexágonos (*ver páginas 15 e 41*). Os pontos principais estão a meio caminho ao longo da aresta de cada polígono. Esses pontos são unidos de forma especial e estendidos como apresentado na parte superior do diagrama. Grande número de belíssimos padrões está assentado em toda a malha secundária simples, apenas esperando para ser descoberto.

As próprias malhas secundárias raramente são apresentadas na arte tradicional. São consideradas parte da estrutura básica da realidade, com o cosmos a sobrepô-las – cosmos[7] significa "adorno".

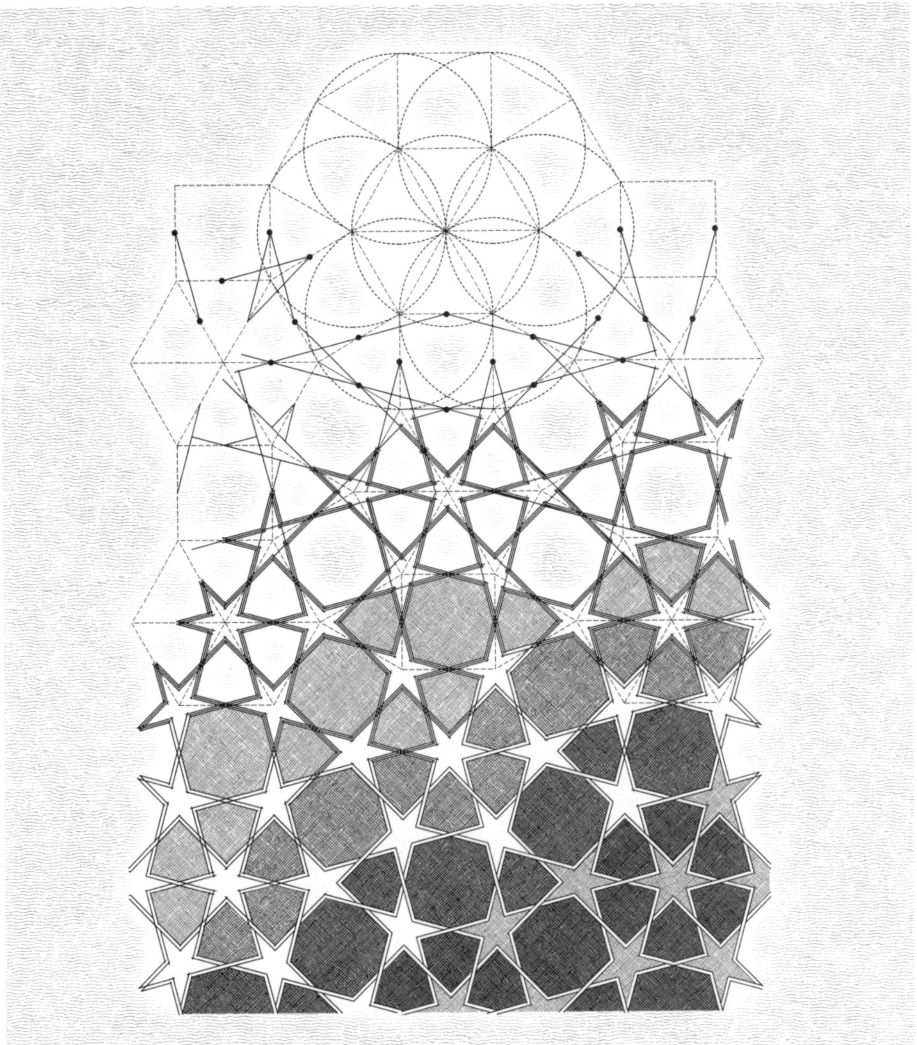

Uma janela de igreja
Não muito longe da Ilha de Man[8]

Um pedaço de alvenaria de uma janela de igreja é apresentado na imagem ao lado. O desenho fala da trindade implícita na unidade. É um projeto muito bonito e extremamente gratificante de desenhar. Veja se consegue acompanhar a sua construção a partir do diagrama abaixo, que começa com o círculo delimitador. Note como cada detalhe é definido pela geometria.

Desenhe um grande círculo e divida-o em seis partes. Nesse círculo, desenhe um grande triângulo e inscreva outro círculo para caber dentro dele. Isso produzirá os centros de três círculos que se tocam (as linhas centrais do ornamento).[9] Note que esses círculos não tocam o círculo exterior ou o centro da janela. Um pequeno círculo (*na parte inferior da imagem abaixo*) auxilia, então, a construção fornecendo a largura da própria escultura em pedra, permitindo que as extremidades interna, central e externa do ornamento sejam definidas.

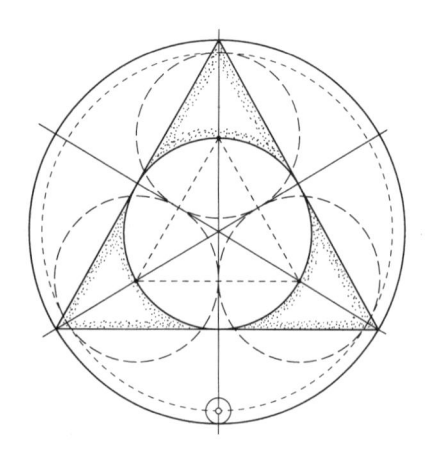

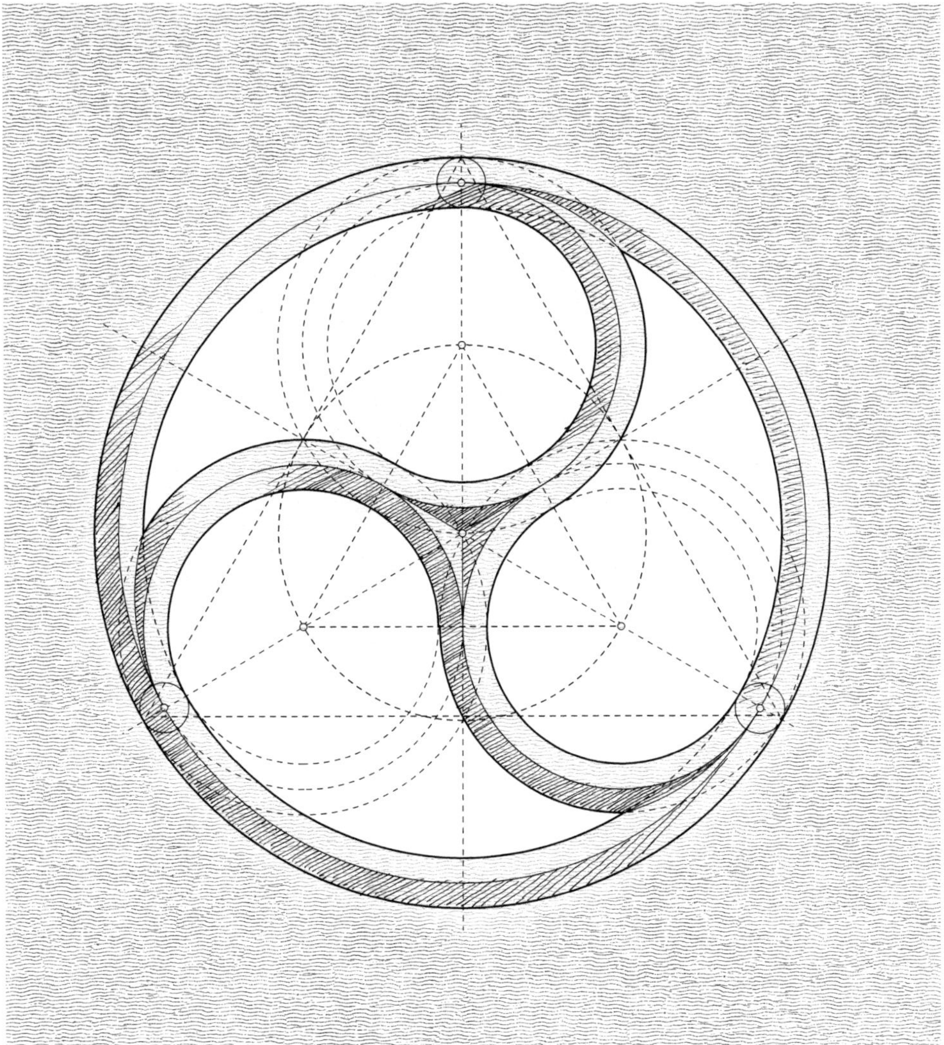

Trifólios e quadrifólios
A geometria oculta no arrendado[10]

Tudo é feito de luz – toda a matéria o é –, e sem matéria não haveria som. Os átomos, assim como os planetas, organizam-se em padrões geométricos. Quão profunda é, então, a imagem de uma janela que permite a passagem da luz no que, de outra forma, seria um espaço escuro.

Os projetos de vitrais de igreja seguem muitas regras, formas e tradições, e algumas pistas são dadas nestas páginas. Os mais fáceis de desenhar são os três quadrifólios abaixo (*fileira inferior*).

A janela sul da Catedral de Lincoln,[11] com sua impressionante *vesica* dupla, é apresentada na imagem ao lado, e abaixo dela aparecem três outras janelas muito antigas e famosas, localizadas na parte oeste das catedrais de Chartres, Evreux e Reims. Nesses exemplos, é mantido um bom equilíbrio entre linha e curva.

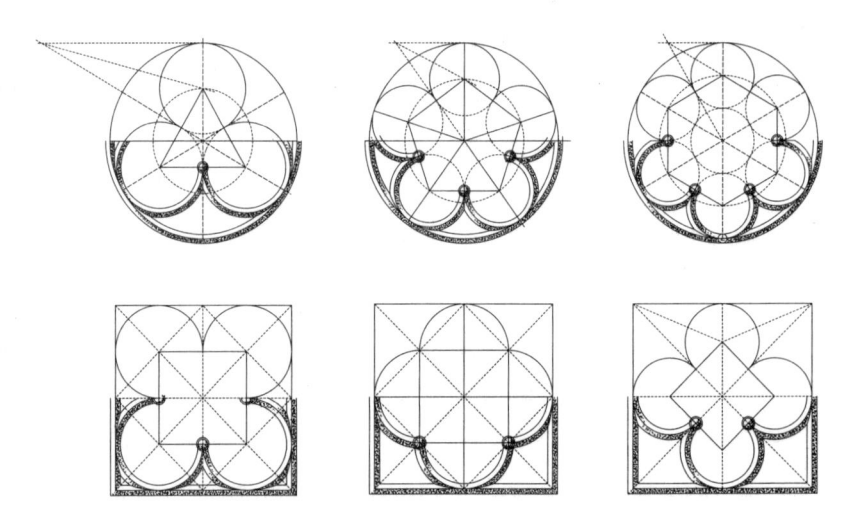

Lincoln

Chartres    *Evreux*    *Reims*

Círculos de pedra e igrejas
Vesicas *em ação por mais de quatro mil anos*

Na imagem ao lado aparecem quatro círculos de pedra achatada, com sua geometria consistente, como descobertos pelo professor Alexander Thom.[12] No lado esquerdo, estão exemplos da configuração *tipo A*, e do lado direito o *tipo B*. Também são apresentadas as construções baseadas na *vesica* (*ver a página 10 para a vesica*).

Nesta página, aparece a planta da Catedral de Winchester.[13] Uma interação de sistemas triangulares e quadrangulares simples baseados na *vesica* — *ad triangulum* e *ad quadratum*[14] — é subjacente às plantas de muitos edifícios eclesiásticos (*ver a fileira superior da imagem na página 25*).

O projeto de um edifício sagrado, seja igreja, círculo de pedra ou templo, requer que o projetista ou arquiteto una o simbolismo universal dos movimentos geométricos, que ele está fazendo em seu trabalho, com uma linguagem religiosa específica. Fatores locais também entram no esquema, como, por exemplo, as posições do nascer e do pôr do sol, da lua e das estrelas, ou das montanhas, fontes e terras sagradas mais próximas.

Abaixo, vemos o eixo da Catedral de Winchester apontando para 72° a partir do norte, criando um encantador pentagrama magnético.

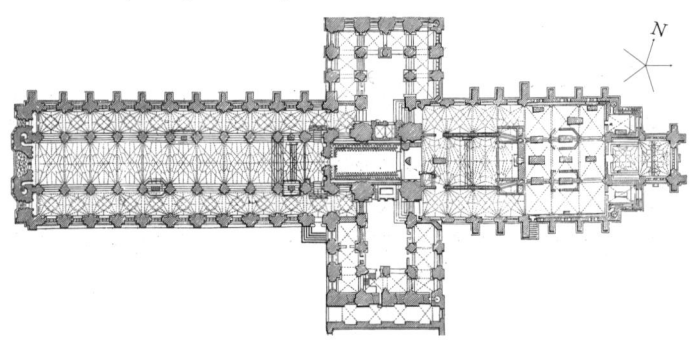

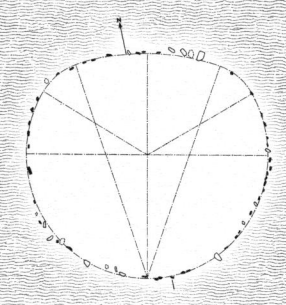

Colina de Dinnever

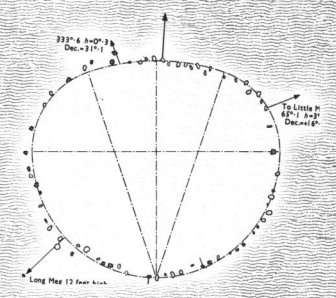

Long Meg

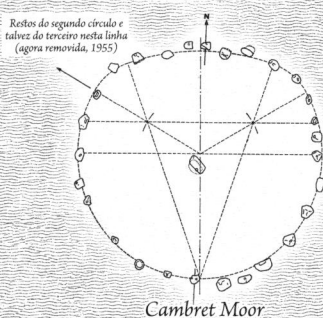

Cambret Moor

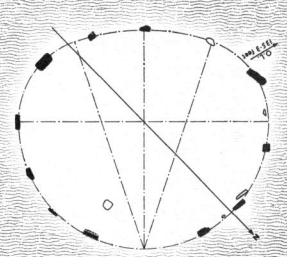

Restos do segundo círculo e talvez do terceiro nesta linha (agora removida, 1955)

Barbrook

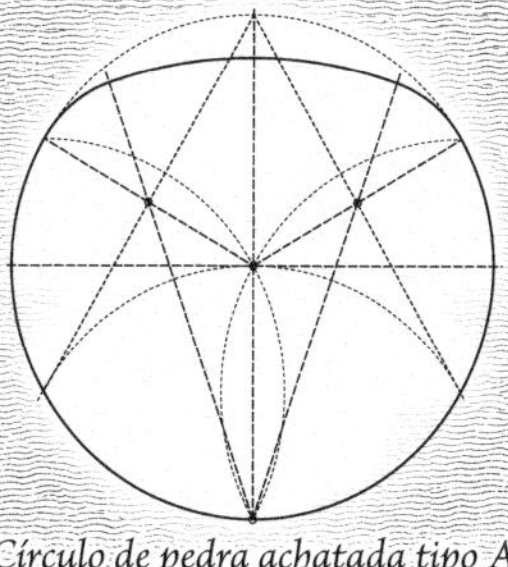

Círculo de pedra achatada tipo A

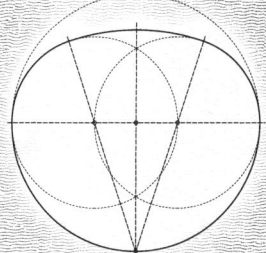

Círculo de pedra achatada tipo B

Arcos encantadores
Como desenhar alguns deles, entre muitos

Os arcos assumem formas notavelmente semelhantes em todo o mundo, e algumas são apresentadas aqui. Frequentemente, são as árvores vivas que fazem os melhores arcos.

A fileira superior na imagem ao lado mostra cinco arcos com dois centros. Sua abertura foi dividida em duas, três, quatro, cinco e, mais uma vez, em cinco partes. As linhas retas pontilhadas mostram os raios de seus arcos, cujas alturas podem variar. Para estes cinco, as alturas são definidas por um retângulo cujas proporções são as de um intervalo musical, neste caso 2:3, 3:4 e assim por diante (*página 26*).

A segunda fileira de arcos da imagem ao lado tem quatro centros. A curva dos arcos sofre mudanças nas posições indicadas pela linha cheia. Também se dão ideias para a definição de suas alturas.

Os dois últimos são um arco em forma de ferradura, que também poderia ser pontiagudo, e um arco com ponta. Este último parece curvar para cima perto da ponta – "o retorno" –, mas as linhas são, na realidade, totalmente retas.

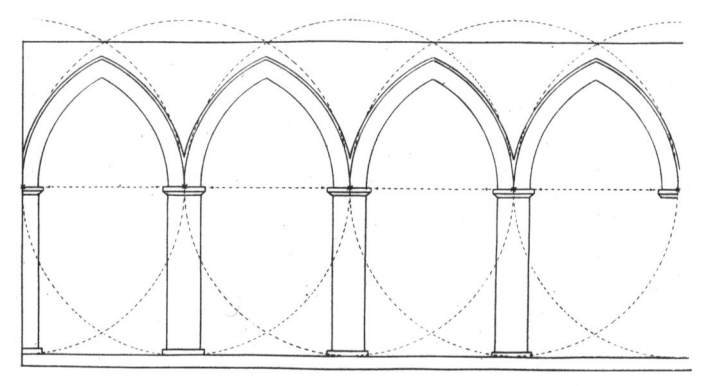

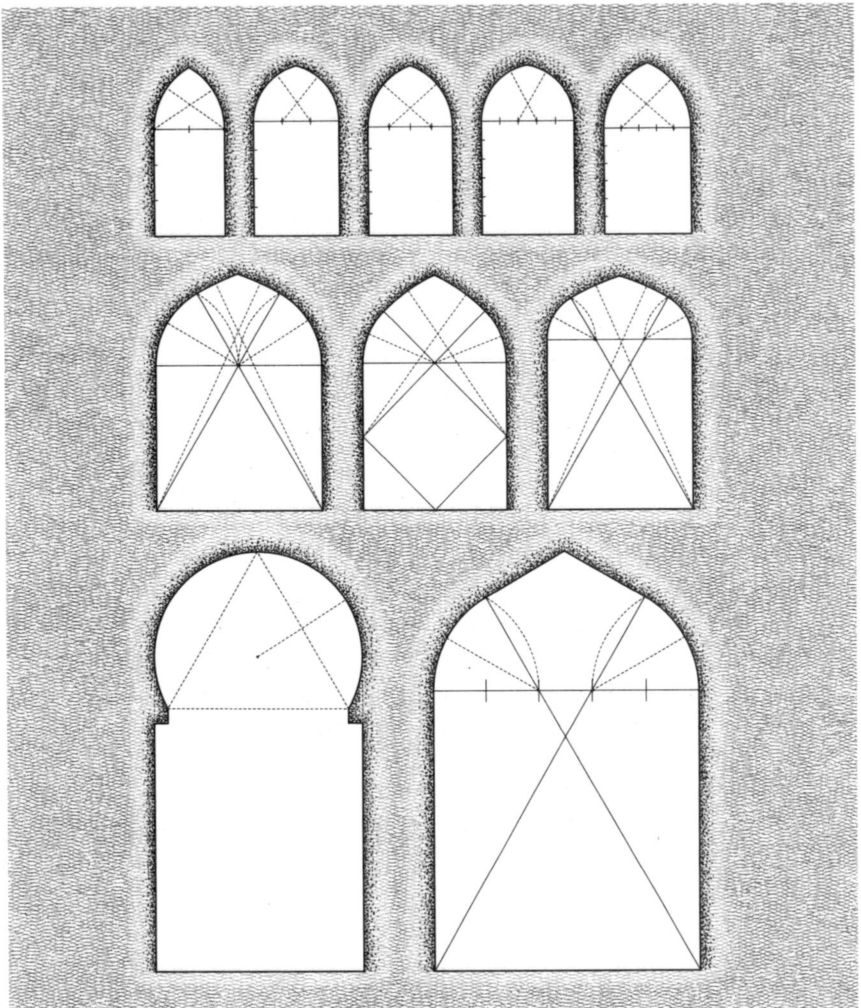

Uma espiral celta

A imagem ao lado vem de um disco de bronze de quatro polegadas encontrado na Ilha Loughan, na Irlanda do Norte, datado de cerca de dois mil anos. É um exemplo excepcionalmente belo do estilo celta primitivo. Como já vimos com círculos de pedra e arcos, a combinação perfeita – sem emendas – de múltiplos arcos pode ser altamente harmoniosa, e alcançou a sua perfeição no início do período celta.

Muitas peças celtas primitivas mostram evidências do uso de um compasso, e o desenho final do disco ao lado necessitou de não menos que 42 posições distintas para a ponta do compasso! Acredita-se que os grandes mestres da arte que criaram esses tipos de desenho começaram com um modelo geométrico básico, tal como um padrão de círculos que se tocam; em seguida esboçaram as formas desejadas antes de retornar à geometria para amarrar todas as partes, de modo que todas as suas curvas se tornaram arcos, partes de círculos. Isso confere uma tensão às curvas. Dessa forma, intuição e intelecto trabalham juntos.

A sequência de figuras menores mostra como traçar arcos através de pontos. O primeiro diagrama mostra um arco centrado em <c>. Queremos que o arco mude sem esforço em <a> e, em seguida, passe através de <b>. O que fazer? Encontre a mediatriz entre os pontos <a> e <b> abrindo o compasso e descrevendo dois arcos iguais prtindo de <a> e de <b> e trace uma linha passando por sua intersecção (*diagrama central*). A mediatriz corta a linha entre <a> e <c> em um novo ponto <o>, que se torna, então, o centro que estávamos procurando (*diagrama à direita*).

Todas as belas curvas no disco da Ilha Loughan são desenhadas e esticadas dessa maneira simples e elegante.

A ideia de que círculos ou arcos de círculo são as únicas curvas verdadeiramente celestiais encontrou seu caminho em muitas filosofias da arte sacra. A técnica apresentada acima pode ser utilizada em qualquer aplicação para refinar um esboço ou desenho curvilíneo e dar-lhe essa indefinível qualidade mágica.

POSSIBILIDADES PENTAGONAIS
Aqueles fantásticos e efervescentes números cinco

Embora o pentágono regular não se encaixe em padrão repetido no plano, faz várias outras coisas que qualquer bom livro sobre geometria sagrada não deve deixar de mencionar. Uma delas, retirada de estudos realizados por Johannes Kepler (1571-1630), aparece na imagem ao lado (*topo*), onde um padrão "semente" pode crescer a partir do centro. Os pentágonos cinza deixam espaços que são pedaços de pentagramas, e vice-versa. Esse modelo está crivado de exemplos da proporção áurea. Outras "sementes" também são mostradas.

O matemático Roger Penrose descobriu recentemente o recobrimento mostrado na parte inferior da imagem ao lado. Duas formas se encaixam para preencher o plano com elementos pentagonais aperiódicos "não repetitivos" de todos os tamanhos. Recentemente, se descobriu que esses padrões fazem parte da constituição básica da maioria dos líquidos. Eles são, por exemplo, cortes transversais da água.

Abaixo, aparecem os catorze tipos de pentágono convexo irregular que recobrem completamente o plano.

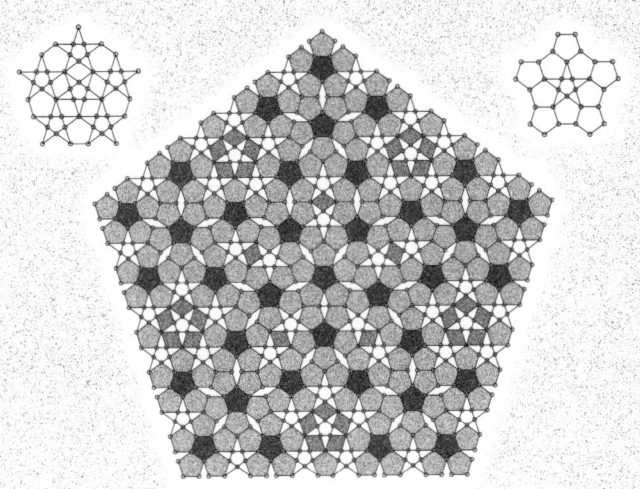

Sistema pentagonal infinito de Kepler, do início do século XVII.

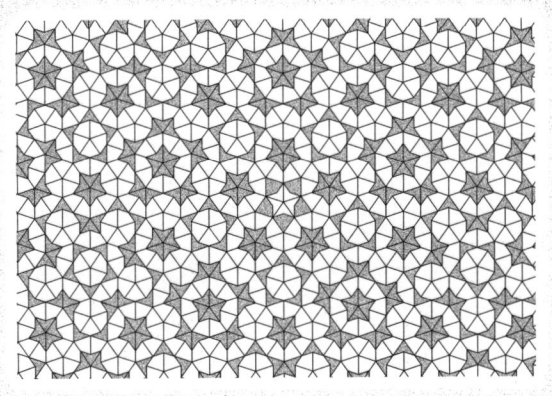

Par de ladrilhos que preenchem o plano, descoberto por Penrose no século XX.

As dezessete simetrias
Deslocamento, rotação e espelhamento

O alquimista árabe Abu Muça Jabir ibne Haiane, conhecido no Ocidente como Geber, considerava o número dezessete a base numérica do mundo físico.

Usando como amostra um desenho muito simples, as próximas duas páginas exploram as três operações básicas de rotação, reflexão (ou espelhamento) e deslocamento. Combinadas com os três revestimentos regulares do plano, essas operações originam dezessete padrões ou grupos de simetria do plano que são mostrados nas imagens abaixo, ao lado e na página seguinte.

Esta chave visual pode ser muito útil quando se criam repetições para padrões de tecido ou de cerâmica (*ver também as páginas 44-45*). A propósito, "padrão" vem da palavra latina *pater*, que significa "pai", assim como "matriz" vem de *mater*, que significa "mãe".

Lembre-se de que nem todas as matrizes podem ser invertidas (refletidas) sem se fazer uma bagunça – portanto, procure escolher suas unidades de repetição com cuidado.

Com esta nota bastante prática, este pequeno e denso livro sobre uma das mais antigas disciplinas na Terra chega ao fim. Esperamos que tenha recolhido ideias suficientes para criar algo de bom, verdadeiro e belo da próxima vez que resolver desenhar!

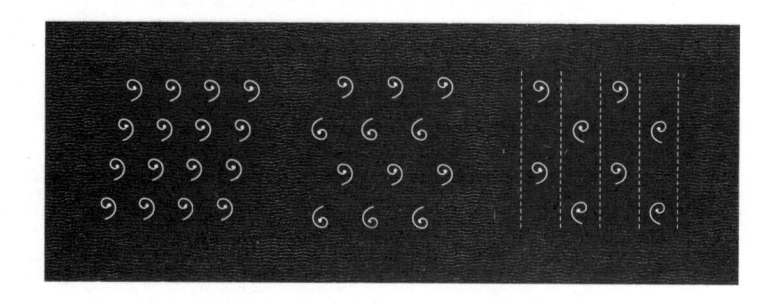

Notas da tradutora

[1] Palavra originária do árabe que significa "o maior" e dá nome ao tratado de astronomia escrito em grego, no século II, por Claudio Ptolomeu, matemático, astrônomo, geógrafo, astrólogo e cidadão romano que residia no Egito. Essa obra, considerada um dos mais influentes textos científicos de todos os tempos, é composta de treze seções ou livros, e foi amplamente utilizada por árabes e europeus da Alta Idade Média. Para mais referências: James Evans, *The History and Practice of Ancient Astronomy*. Oxford University Press, 1998; Michael Hoskin, *The Cambridge Concise History of Astronomy*. Cambridge University Press, 1999. (N. T.)

[2] Os vértices do pentágono sempre aparecerão nas intersecções com a circunferência. (N. T.)

[3] A abertura do compasso é a distância entre esses pontos e <4>. (N. T.)

[4] Nome dado a um local na Grã-Bretanha, no extremo oeste do cemitério de Normanton Down Barrows, considerado um dos mais importantes do complexo conhecido como Stonehenge (monumento megalítico da Idade do Bronze britânica, de cerca de 2000 a.C., localizado ao sul da Inglaterra). Em Bush Barrow foram encontrados diversos artefatos, entre os quais uma grande lâmina de ouro no formato de um losango, que recebeu o mesmo nome do local, e chamou a atenção pela precisão e exatidão com que foi projetada e moldada, demonstrando que havia um bom conhecimento de geometria já naquele período. (N. T.)

[5] Termo proveniente do inglês *tesselation*, parece ter origem na palavra latina *tessela*, que tanto indica a pavimentação de uma região através de peças de mosaico como dá nome à peça cúbica, geralmente de barro ou de vidro, utilizada para fazer mosaicos. O termo é bastante usado em geometria e foi adaptado para o português utilizando-se duas letras "s" para não ser confundido com a palavra *tecelação* – do verbo *tecer*, entrelaçar fios. (N. T.)

[6] William Morris (1834-1896) foi um artista e designer têxtil ligado ao Movimento de Artes e Ofícios inglês, e fundador de uma empresa, em parceria com o artista Edward Burne-Jones e o poeta e pintor Dante Gabriel Rosseti, que influenciou profundamente a decoração de igrejas e casas no início do século XX. Seu trabalho ajudou a reviver as artes têxteis e os métodos tradicionais de produção dessa indústria. Além de ilustrador e medievalista, também era escritor e ajudou a estabelecer o gênero literário moderno chamado *literatura fantástica*, influenciando muitos escritores do pós-guerra, entre os quais J. R. R. Tolkien. (N. T.)

[7] Palavra originária do grego κόσμος ou *kósmos*, que significa tanto "ordem" como "ornamento", e é antitética ao conceito de "caos". (N. T.)

[8] Ilha localizado no Mar da Irlanda, entre a Grã-Bretanha e a Irlanda, que é uma dependência da Coroa Britânica mas não faz parte do Reino Unido, apesar de o chefe de Estado ser a Rainha Elizabeth II, que detêm o título de Lorde de Man. Apesar disso, suas relações internacionais e sua defesa são de responsabilidade do governo britânico. A cultural local é fortemente influenciada por origens celtas e nórdicas, e a língua oficial, juntamente com inglês, é o manês. (N. T.)

[9] Que são as perpendiculares das arestas do triângulo equilátero inscrito no círculo externo. (N. T.)

[10] Também chamado *traceria*, refere-se a um tipo de trabalho arquitetônico decorativo criado com elementos geométricos que se desenvolveu muito com a arquitetura gótica. Seus arabescos ou ornamentos geralmente imitam a renda, por isso ele também pode ser chamado *rendilha* ou *rendilhado de pedra* (que é a matéria-prima utilizada na estrutura). Nas catedrais, aparece em forma de aberturas circulares, ou rosáceas, revestidas por vidros coloridos; também pode cobrir certas áreas, funcionando como um relevo, tanto coroando janelas, arcos e abóbadas, por exemplo, como em superfícies planas (painéis ou paredes internas). (N. T.)

[11] O nome completo dessa catedral, localizada em Lincoln e pertencente à Igreja da Inglaterra (Anglicana), é Catedral da Santíssima Virgem de Lincoln ou Catedral de Santa Maria. (N. T.)

[12] Engenheiro escocês famoso por sua categorização dos círculos de pedra e seus estudos sobre Stonehenge, bem como sobre outros sítios arqueológicos. Para mais informações sobre ele: Robin Heath, *Alexander Thom: Cracking the Stone Age Code*. Bluestone Press, maio 2003. (N. T.)

[13] Localizada em Hampshire, Inglaterra, é uma das maiores catedrais inglesas, com a nave mais longa e de maior comprimento entre todas as catedrais góticas da Europa. (N. T.)

[14] Os dois tipos mais simples de padrões geométricos produzidos de acordo com os postulados euclidianos são os desenvolvidos com base no quadrado dentro do círculo, ou *ad quadratum*, e os desenvolvidos com base no triângulo dentro do círculo, ou *ad triangulum*. (N. T.)

DA MESMA AUTORA, LEIA TAMBÉM:

Os números permeiam todos os aspectos de nossa vida; muito pouco acontece sem a habilidade básica, que tomamos como garantida, de manipular números inteiros simples. Ilustrado com imagens contemporâneas originais, *Número Sagrado* apresenta sistemas básicos de contagem e números significativos dos principais textos religiosos; revela a importância da astronomia, da geometria e da música para a qualidade do número; e mostra como os números afetam a arquitetura. Lundy explica por que as ideias de Pitágoras continuam sendo relevantes e descreve os números 1 a 12 para mostrar suas qualidades distintivas.

facebook.com/erealizacoeseditora   twitter.com/erealizacoes   instagram.com/erealizacoes   youtube.com/editorae

issuu.com/editora_e   erealizacoes.com.br   atendimento@erealizacoes.com.br